NOTICE NÉCROLOGIQUE.

NOTICE NÉCROLOGIQUE

SUR

F. V. MÉRAT,

PAR M. BOUCHARDAT.

Le 10 mai 1849, nous accompagnions, Mérat et moi, à sa demeure dernière un de nos plus chers collègues, Loiseleur-Deslongchamps. Après que Mérat eut prononcé quelques paroles sur la tombe de son ancien et fidèle ami, après qu'il lui eut dit un dernier adieu, nous revenions ensemble en parcourant, silencieux, les tristes allées du Père Lachaise.

Il faut que je vous quitte un instant, me dit Mérat; je vais, pendant que je suis ici, m'assurer si ma tombe est prête à me recevoir, si les dimensions que ma corpulence rend nécessaires sont convenables. Je le suis et le vois faire son examen, prendre tranquillement ses mesures, en me disant que, malgré son admirable santé, il ne comptait pas trop sur le lendemain.

Ce trait caractérise Mérat; on aperçoit tout de suite cette volonté ferme, cette prévoyance qu'il sut porter dans tous les détails de la vie. Ce fut guidé par ce même sentiment qu'il m'exprima vivement le désir que je voulusse bien, dans une de vos séances de rentrée, vous exposer les titres qu'il pouvait avoir au souvenir des hommes. C'est pour remplir ce pieux devoir que je viens réclamer quelques instants votre attention.

Mérat (François-Victor), dont la famille habitait notre chère ville d'Auxerre, naquit à Paris, le 15 juillet 1780, pendant un voyage qu'y firent ses parents.

Le père de François-Victor, Mérat de Vaumartoise, était négociant à Auxerre, où il fut revêtu de la magistrature consulaire. Son grand-père, Laurent-Germain, y avait exercé la profession de pharmacien avec une grande distinction; il a laissé un ouvrage sur la botanique, remarquable pour l'é·poque.

François-Victor Mérat revint à Paris à l'âge de treize ans; il compléta son éducation universitaire auprès de l'abbé Lingois, ancien principal du collége du Plessis. Chez ce savant professeur, il étudia spécialement les mathématiques, se préparant à entrer à l'école polytechnique, qui venait d'être fondée; des projets de famille firent changer cette direction. Il fut placé, en 1796, chez un pharmacien habile, le professeur Nachet, où il fit trois années d'apprentissage. La dernière, il concourut au collége de pharmacie et remporta le premier prix de botanique.

En 1799, il sortit de chez Nachet pour suivre ses cours de chimie, de botanique et de médecine. Il fréquenta surtout les salles de l'illustre Corvisart, dont nous le verrons bientôt partager les travaux.

Les souvenirs de la famille, l'éducation spéciale qu'il avait reçue exercèrent une influence durable sur la direction scientifique de toute la vie de François-Victor Mérat.

Il avait pris chez l'abbé Lingois cette habitude de travail persévérant qui permit aux membres savants des congrégations religieuses d'exécuter des travaux que, dans notre temps, nous regarderions comme au-dessus des forces humaines. Le souvenir de son grand-père Laurent-Germain lui inspira le goût de la botanique; son séjour chez Nachet lui apprit à connaître les médicaments.

Aussi allons-nous le voir, dès que les études cliniques qu'il avait d'abord suivies avec l'ardeur qu'il mettait en toutes choses ne lui seront plus imposées par le devoir, revenir à la

botanique, et enfin, mettant en œuvre toutes les connaissances que ses recherches au lit du malade, dans les herbiers,
dans les collections pharmaceutiques lui avaient fait acquérir,
élever, avec Delens, un monument d'érudition (*Dictionnaire
de thérapeutique*) dont je chercherai plus loin à apprécier
l'influence et la portée.

En 1803 (22 messidor an XI), François-Victor Mérat fut
reçu docteur en médecine; à la fin de la même année, il ob-
tint, au concours, la place de chef de clinique de médecine
de la Faculté de Paris. C'est là que, dans cette position, dans
les salles de l'hôpital de la Charité, pendant dix ans, sous des
chefs tels que Corvisart et Leroux, il s'adonna, pour ainsi dire
sans partage, aux études cliniques les plus sérieuses et les
plus approfondies.

C'est dans cette admirable école pratique qu'il recueillit
d'immenses matériaux pour publier un traité d'anatomie pathologique qui ne devait pas former moins de deux volumes
in-fol., et qui était basé sur les ouvertures de plus de mille
cadavres, toutes faites par lui.

On a tout lieu de s'étonner que, après avoir occupé une
position si instructive, après avoir recueilli, avec tant de per-
sévérance et de travaux les plus durs, pendant les dix plus
belles années de sa vie, des matériaux si considérables, François-Victor Mérat n'ait pas suivi exclusivement la carrière de
la médecine clinique. A cette époque, personne n'était mieux
préparé pour imprimer à cette partie fondamentale de la
science médicale un mouvement utile : ce n'est point lui
qu'il faut accuser d'inconstance; les événements, la nécessité,
ses aptitudes même le détournèrent de la route pratique où il
était si largement entré.

Pour faire de la médecine clinique il faut un hôpital.
Quand ses dix années d'exercice furent expirées, le champ
d'observation manqua à Mérat. Ce n'est pas sans amer-
tume qu'il se détourna d'une route qui pouvait devenir si
belle; dans un mémoire qu'il composa en 1814 et qu'il
adressa à M. Pastoret, membre du conseil des hospices, il

prouva la nécessité d'augmenter le nombre des médecins des hôpitaux; mais cette utile mesure ne put être adoptée que près de trente ans plus tard, et le temps d'arriver était passé pour le chef de clinique, qui avait cessé ses fonctions en 1814.

Pouvait-on à cette époque, après l'invasion, trouver un libraire assez hardi pour éditer 2 vol. in-folio sur l'anatomie pathologique? Combien Mérat dut éprouver de chagrin d'abandonner une œuvre aussi grande que celle à laquelle il avait préludé par dix ans de travaux sans relâche !

Ces précieux matériaux ne furent cependant pas tous perdus pour la science.

Vers la fin de l'empire les médecins les plus illustres de Paris s'associèrent pour former un faisceau de toutes les connaissances que l'étude et la pratique de la médecine embrassent. C'est la pensée du grand *Dictionnaire des sciences médicales*. Les dix-sept premiers volumes s'éditèrent lentement, péniblement. 43 volumes restaient encore à faire paraître. Une si grande publication allait s'éteindre avant d'être achevée, lorsque l'éditeur fut assez heureux pour rencontrer le seul homme qui, dans ces temps, pouvait mener à bonne fin cette belle entreprise.

Sa position de chef de clinique à la Charité l'avait mis en relations journalières avec tous les médecins qui étaient dans le mouvement scientifique; ses études approfondies sur les sciences physiques naturelles pharmaceutiques, ses grands travaux de clinique l'avaient merveilleusement préparé à coordonner, juger les articles de tous ses collaborateurs, et à les suppléer au besoin quand les affaires ou la paresse leur faisaient oublier les exigences d'une entreprise qui ne pouvait le relever que par une extrême régularité.

M. Panckoucke avait aussi rencontré dans Mérat un élève de l'abbé Lingois, d'un de ces vieux congréganistes dont les travaux devançaient l'aurore et qui, le soir, ne quittaient la plume que lorsque leurs forces étaient épuisées.

Aussi, dès que Mérat eut pris la direction du *Dictionnaire des sciences médicales*, l'ordre, la régularité régnèrent alors, et le succès le plus légitime, le plus beau couronna cette grande entreprise, qui établit sur une base solide la réputation du directeur et qui contribua puissamment à lui assurer une honorable indépendance.

C'est dans le *Dictionnaire des sciences médicales* qu'on retrouve les matériaux les plus importants de ce *Traité d'anatomie pathologique* que la difficulté des temps ne permit point d'éditer. Ce ne sont point de simples compilations, mais bien d'excellentes monographies enrichies de nombreuses recherches originales que les articles qui sont rangés sous ces mots : tissu lardacé, productions composées ou anormales, ramollissement, lésions des tissus, lésions organiques, maladies du foie, maladies du cœur. C'est dans ces monographies que sont consignés les résumés de ces observations qui étaient basées sur plus de mille ouvertures de cadavres. Un grand nombre d'articles méritent encore une mention toute spéciale; ainsi, dans celui consacré à l'ipécacuana, M. Mérat rectifie les erreurs commises sur cette précieuse racine. (Il compléta en 1820 cette intéressante monographie par une notice sur l'ipécacuana blanc.) (1)

Pendant ses dix années d'exercice à la Charité, Mérat avait étudié avec le plus grand soin, au lit du malade, les infirmités, les maladies spéciales auxquelles sont exposés les travailleurs appartenant aux diverses professions.

C'est d'après ces résultats d'observations pratiques qu'il rédigea les parties originales des articles importants qu'il consacra aux maladies des artisans. Je crois indispensable de noter ici nominativement les classes nombreuses des travailleurs dont Mérat découvrit ou fit mieux apprécier les maladies spéciales, ces misères si réelles, si dignes de l'attention de l'homme d'État, de la commisération du philanthrope.

Tout auteur qui voudra désormais écrire sur les maux aux-

---

(1) C'est à peu près à la même époque que notre collègue M. Richard publia son beau travail sur le même sujet.

quels les diverses professions sont en butte trouvera des
matériaux précieux dans les articles dont Mérat enrichit le
Dictionnaire des sciences médicales (et qui ont pour titre,
Des maladies des artisans, des serruriers, des tailleurs, des
verriers, des matelassiers, des frotteurs, des postillons, des
nageurs, des ramoneurs, des peintres, des potiers, des cu-
reurs de puits, des vidangeurs, des parfumeurs).

Dès son début dans la carrière médicale, l'attention de
Mérat avait été fixée sur les maladies spéciales déterminées
par des travaux spéciaux. Sa dissertation inaugurale pour
le doctorat avait pour titre, *De la colique métallique ou des
peintres.*

Neuf ans plus tard, après plusieurs années de séjour à la
Charité, hôpital où la plupart des malades atteints de coliques
saturnines venaient chercher la guérison de leurs maux,
Mérat donna une nouvelle édition de cette utile monographie
augmentée d'un mémoire sur le tremblement des doreurs sur
métaux.

Ces recherches approfondies sur la colique métallique
étaient d'autant plus utiles, que l'intoxication présente souvent des caractères insidieux dont Mérat sut découvrir et ré-
véler la portée, et qu'elle se montre dans des conditions dont,
au premier abord, il est difficile de saisir l'importance (1).

Quand la cause du mal échappe, l'incertitude la plus grande
plane sur le traitement; parvient-on à la découvrir, toute difficulté est vaincue : la guérison, dans la plupart des cas, est
aussi rapide que certaine, et l'on évite ainsi des complica-
tions redoutables qui conduisent à la mort, précédée d'ef-
froyables infirmités.

Les articles sur les maladies des professions, le *Traité de
la colique métallique*, sont des services réels rendus à l'hu-

---

(1) Parmi les professions qu'il note comme pouvant être exposées à la
colique métallique, on trouve au premier rang les cérusiers et les peintres,
puis les plombiers, les fabricants de poteries et de faïence, les orfévres, les
épiciers, les marchands de vin, les chimistes, les pharmaciens, etc.

manité, et qui contribueront à faire vénérer, par les hommes
de bien, la mémoire de François-Victor Mérat.

Quand on a passé, chaque jour, cinq heures dans les salles
d'hôpitaux ou d'autopsie, quand on a consacré un temps au
moins égal à rédiger les observations, on a besoin de reposer
son corps et son esprit.

Nous trouvons les délassements nécessaires à la santé, au
développement de nos facultés, soit dans les spectacles, soit
dans les réunions de famille ou d'amis. François-Victor Mérat ne courut point ces plaisirs; mais la plus agréable des
sciences, qu'il cultiva avec passion dans sa jeunesse et dans
son âge mûr, lui fournit les délassements compatibles avec
ses goûts, avec son caractère.

En commençant ses études médicales il avait fait de bon-
nes et fréquentes herborisations avec Loiseleur - Deslongchamps, Netzler, Marquis, Clarion, Robert, Mougeot, qui
tous restèrent ses amis, qui tous devinrent ses collègues à
l'Académie de médecine. Il ne se rappelait pas sans charme
ces promenades agrestes de sa jeunesse. C'est là, dit-il dans
sa notice sur Deslongchamps, qu'à l'ombre des bois ou en
plein champ avaient lieu des discussions scientifiques où
chacun apportait son tribut, véritable enseignement mutuel.
Jeunes et lestes, ajoute-t-il, nous faisions souvent 6 à 8 lieues
pour conquérir quelques plantes rares.

Jamais, tant qu'il fut alerte, il n'abandonna ses herborisations. Quand ses fonctions à l'hôpital eurent cessé, il se remit
à suivre les cours de botanique des maîtres de l'époque. Il rédigea les leçons d'un des anciens membres de la Société centrale d'agriculture, du vénérable Desfontaines; il les publia,
avec son approbation, sous le titre de *Nouveaux éléments de
botanique*.

Cet ouvrage eut six éditions; il fut tiré à plus de vingt mille
exemplaires.

Quelques années avant de publier ces éléments, il avait
fait paraître, en 1 vol. in-18 de 420 pages, la première édition d'un ouvrage qui n'eut pas moins de succès, et qui con-

tribua plus encore à populariser le nom de François-Victor Mérat ; c'est la *Nouvelle Flore des environs de Paris*. Ce livre ne comprenait d'abord que la phanérogamie rangée suivant le système de Linné. Malgré cela, il fut très-bien accueilli par les botanistes parisiens, qui ne possédaient alors que la *Petite Flore* de Thuilliers, dont la dernière édition était déjà ancienne, et la *Flore parisienne* de notre ancien collègue Francœur.

Les maîtres consultaient bien encore le précieux ouvrage de Vaillant, le *Botanicum parisiense*, mis au niveau par de continuelles herborisations ; mais les élèves manquaient, à cette époque, d'une Flore locale satisfaisante. Le livre de Mérat rendit donc un véritable service.

La *Nouvelle Flore* eut successivement trois autres éditions (1821, 1831, 1836), qui comprirent la cryptogamie, et qui parurent en 2 vol. in-18. Des juges compétents ont dit qu'à partir de la deuxième édition la *Nouvelle Flore des environs de Paris* fut une des plus complètes qui aient été jusque-là publiées en France. On y trouve des descriptions exactes et claires sans prolixité, de nombreuses et fidèles indications de localité ; aussi fut-elle, pendant près de vingt ans, le *vade-mecum* obligé des élèves qui fréquentaient les herborisations aux environs de Paris. Cette faveur diminua avec le temps. Cela est tout simple ; pour faire une Flore toujours au niveau, il faut herboriser, et vers la fin de sa vie Mérat, comme il le dit lui-même, ne pouvait plus parcourir la campagne comme dans sa jeunesse, et, chose remarquable, les plantes d'une localité changent presque comme les hommes. Peut-être Mérat résista-t-il un peu à quelques progrès nouveaux. Faut-il l'accuser encore d'avoir suivi, sans assez y réfléchir, les inspirations de l'amitié? Sans doute, la classification végétale de Loiseleur-Deslongchamps et de Marquis peut offrir quelques facilités; mais je suis étonné que Mérat, qui avait tant de vénération pour l'illustre famille des Jussieu, laissant de côté quelques difficultés de détail, n'ait pas adopté une méthode dont notre France doit s'enorgueillir, qui, sans doute, sera perfectionnée d'âge en âge, mais qui marque un progrès, dans les sciences naturelles, qui suffirait à lui seul pour illustrer le dix-huitième siècle.

La botanique fut, pendant toute la vie de Mérat, son bonheur et sa consolation. Chaque jour, il passait quelques heures à revoir les plantes de son herbier, qui était considérable ; à étudier les ouvrages de botanique de sa bibliothèque, qui étaient nombreux ; à fréquenter les collections que la famille Delessert ouvre si généreusement aux amis de la science. Il publia successivement plusieurs articles de botanique, parmi lesquels je dois mentionner

Sa Notice sur un nouveau genre, le *Duriena,* de la famille des scrofulariées (*Mémoires de la Société de Lille* pour 1829);

Son Examen des genres *Apargia* et *Thrincia,* avec la description des espèces à feuilles hispides placées dans les deux genres;

Ses Notes sur les monstruosités observées par lui dans les fleurs de *Giroflée,* de *Lis,* de *Lychnis.*

Dans les dernières années de sa vie, c'est à la botanique appliquée à l'agriculture à laquelle Mérat s'adonna plus particulièrement. Je chercherai, plus loin, à apprécier la nature de ces publications ; mais je dois, auparavant, vous faire connaître une des parties les plus importantes des travaux de Mérat, celle qui se rapporte à la thérapeutique et à la matière médicale.

L'habitude devient, a-t-on dit avec raison, une seconde nature. Pour faire paraître régulièrement quarante-trois volumes du *Dictionnaire des sciences médicales,* Mérat avait travaillé, dans sa bibliothèque, dix à quinze heures chaque jour pendant six années; ce travail devint un besoin pour lui; il fallut trouver un aliment à cette puissante activité. Ce fut alors qu'il conçut le plan du *Dictionnaire universel de matière médicale et de thérapeutique générale.*

Depuis la publication de l'ouvrage si recommandable de Murray, l'*Apparatus medicaminum,* il n'avait paru sur cette vaste branche des connaissances médicales que des ouvrages utiles sans doute, mais qui n'en comprenaient point l'ensemble ; le moment était venu d'en coordonner les matériaux immenses, d'en présenter, en quelque sorte , l'inventaire et d'en fixer ainsi la valeur réelle.

Pour mener à bonne fin une œuvre aussi considérable, Mérat s'associa un homme dont il avait pu apprécier les éminentes qualités ; c'était Delens, son ami, son collègue à l'Académie de médecine.

Le *Dictionnaire universel de matière médicale* est un ouvrage qu'on ne peut analyser ; pour l'apprécier, il faut s'en servir, il faut l'avoir sous la main à chaque instant du jour, quand on a besoin de renseignements sur les médicaments, les poisons, les eaux minérales, les aliments employés, dans les temps anciens et modernes, par tous les peuples du monde pour leur guérison ou pour s'alimenter.

Le nombre des mots traités dans les six volumes du Dictionnaire et dans le volume considérable de Supplément, que Mérat fit paraître seul en 1846 , n'est pas moindre que cinquante mille, avec une synonymie dans toutes les langues connues. Combien il y a peu d'hommes aujourd'hui qui pourraient suffire à une pareille tâche !

Outre ces trésors d'érudition compris dans cette immense encyclopédie de matière médicale et de bromatologie, le *Dictionnaire de thérapeutique* contient un grand nombre d'articles que Mérat a su rendre originaux par les observations nouvelles dont il les a enrichis. Parmi les sujets qu'il a plus particulièrement affectionnés, je ne puis passer sous silence l'emploi de l'écorce de racine de Grenadier pour combattre le ténia. C'est une découverte , comme il le dit lui-même, renouvelée des Grecs. « La décoction de la racine de Grenadier, prise en breuvage (dit Dioscoride), tue les vers larges du corps et les fait sortir. » Rien n'est plus précis, rien n'est plus exact, et cependant rien n'était moins pratiqué en Europe ; on continuait à employer contre le ténia des méthodes de traitement presque toujours tenues secrètes, trèschèrement exploitées, et souvent aussi dangereuses à employer qu'infidèles dans leurs résultats.

Les propriétés téniafuges de l'écorce de racine de Grenadier étaient restées populaires dans la médecine indienne ; c'est de ces lieux que la connaissance nous en est revenue. Mérat le premier en France nous les a fait connaître par des observations pratiques ; il s'est, pour ainsi dire, rendu propre cette utile méthode thérapeutique en insistant, avec autant de raison que de force, sur les détails qui se rapportent à la *qualité,* aux *doses,* à la *préparation* du médicament et aux *circonstances à observer* pour qu'il ne manque jamais ses effets.

L'Académie des sciences attacha une telle importance aux travaux thérapeutiques de Mérat, qu'elle l'honora d'une double récompense sur les fonds destinés, par M. de Montyon, à fonder des prix en faveur de ceux qui firent, en médecine, des découvertes d'application. Une première lui fut décernée à propos de sa monographie sur le ténia et une deuxième pour récompenser les auteurs du *Dictionnaire universel de matière médicale.*

Mérat, dans les années si bien remplies de sa vie médicale, ne s'était occupé qu'à de courts intervalles de sujets se rapportant directement à l'agriculture. Déjà, en 1814, il avait écrit une notice intéressante sur une épizootie contagieuse parmi le gros bétail ; cet opuscule, qui porte aussi un nom que la Société vénère, celui de Huzard père, eut trois éditions que le gouvernement fit distribuer dans les lieux atteints par le fléau qui suivait les armées des ennemis.

En 1826, poursuivant dans ses détails un sujet d'études où il avait rendu un service si réel, il publia une Notice sur la culture à donner au Grenadier, en 1827 une Notice sur la culture des Palmiers, faites à Passy ; mais c'est depuis 1832 jusqu'à sa mort qu'il n'a cessé de se livrer à des études et des recherches sur l'horticulture et l'agriculture.

Parmi les sujets dont Mérat s'occupa avec plus de suite, je ne dois point oublier les diverses notices sur la possibilité de cultiver le Thé en France en pleine terre et en grand, ses articles sur diverses plantes fourragères, ses notes, ses expériences sur les questions physiologiques ou pratiques se rapportant à la culture des Pommes de terre; je dois une mention spéciale à son dernier écrit, sa Notice sur plusieurs tubercules proposés pour remplacer la Pomme de terre, avec des considérations sur la culture de cette dernière et la maladie dont elle est atteinte.

Il serait trop long d'énumérer même tous les écrits qui sont dus à notre infatigable collègue, dont l'âge sembla redoubler l'activité; on en trouve l'indication exacte dans une liste chronologique qu'il fit imprimer quelque temps avant sa mort. Voici comment il expose lui-même la pensée qui l'a guidé dans ce travail rétrospectif (1).

« Arrivé à l'âge de soixante-dix ans et à une époque avancée de ma carrière, j'ai cru devoir imprimer l'inventaire de mes travaux, pour m'en rappeler le nombre et la nature, pendant le demi-siècle qui vient de s'écouler. L'étude a été le besoin de tous mes instants, je lui dois les jours tranquilles de ma vie simple et occupée; elle m'a fait oublier, dans quelques occasions, les peines attachées à notre humaine nature, et auxquelles mon obscurité ne m'a pas toujours pu soustraire. »

Il termine la longue énumération des travaux d'une vie si bien employée par cette pensée d'Horace, qui ne reçut jamais une plus juste application :

Nihil sine magno
Vita labore dedit mortalibus.

Je n'ai rempli que la moitié de ma tâche, je ne vous ai parlé que du savant et de l'homme d'études; mon œuvre serait incomplète, si je ne vous initiais à ces détails intimes qui

---

(1) Liste chronologique des travaux sur l'anatomie pathologique, la médecine, la thérapeutique, la matière médicale, la botanique, l'agriculture, l'horticulture et la littérature, imprimés ou manuscrits, de 1803 à 1850; par le Dr F. V. Mérat. (Imprimée chez L. Martinet.) Brochure de 16 pages comprenant 231 articles.

rendent la physionomie véritable de celui qui n'est plus.

M. Mérat avait une certaine brusquerie dans les manières, de la roideur dans ses rapports avec un assez grand nombre de personnes ; permettez-moi d'écarter un peu ces apparences, et vous y apercevrez l'homme bon, désintéressé, loyal, dévoué à ses amis, honorant avec bonheur le talent et la vertu.

Quand un homme vit, pendant près de cinquante ans, isolé, pour ainsi dire, du monde, seul, travaillant, chaque jour, avant l'aube, et le soir travaillant encore, concentré, pour ainsi dire, dans la vie intérieure et de cabinet, il est impossible qu'il ne prenne pas, avec de pareilles habitudes, une physionomie spéciale. La nature des études de Mérat devait aussi contribuer à l'assombrir. Un inventeur qui, sans soucis pour la vie matérielle, poursuit, chaque jour, des découvertes nouvelles éprouve des émotions sans cesse renaissantes, quelquefois des joies ineffables, qui doivent contribuer puissamment à le rendre expansif ; mais celui qui, comme Mérat, consume sa vie à enregistrer, comparer, juger des faits innombrables, et le plus souvent sans valeur, comme on en rencontre tant dans la thérapeutique, ah ! une pareille tâche est bien ingrate, et à la longue le caractère le plus heureusement doué doit, en apparence au moins, en souffrir beaucoup.

Prouvons que Mérat n'avait que les apparences d'un homme difficile ; voyons-le d'abord dans son intérieur. Rien de plus simple que sa vie intime. Son épouse était sa compagne de tous les instants ; elle s'était complétement identifiée à ses habitudes et à ses travaux. Sa fille, après avoir fait, pendant de nombreuses années, la joie de sa famille, s'était, en contractant un mariage, éloignée de Paris. Son fils, nous y reviendrons plus loin. Le reste de la maison se compose d'un seul domestique, qui est dans la famille depuis de bien longues années et qui aujourd'hui pleure encore son vieux maître.

Ses premiers amis, Netzler, Mougeot, Marquis, Deslongchamps, la mort seule put les lui ravir, et, pendant près de cinquante ans de dévouement, de soins, de services réciproques, pas un nuage ne s'est élevé entre eux. Il pense, avant de mourir, aux amis qui lui restent, et à la plupart d'entre eux il a laissé quelques souvenirs durables de son attachement. Il lègue son magnifique herbier au muséum d'histoire naturelle.

Vous le voyez, il n'y a pas eu de chef de famille meilleur, d'ami plus constant et plus dévoué, de savant plus généreux.

Mérat éprouvait un véritable bonheur à faire valoir les travaux des autres, à honorer de tout son pouvoir les hommes qui avaient bien mérité de la science.

Est-il un écrivain qui ait publié un plus grand nombre d'analyses d'ouvrages, qui, dans les compagnies savantes auxquelles il appartenait, ait fait avec plus d'exactitude les rapports dont il était chargé?

Les morts illustres qui furent ses maîtres ou ses amis, il ne perdait pas une occasion de parler d'eux. Il publia des notices sur Bodin, Chaumeton, Corvisart, Geoffroy, Nachet, Tessier, Laurent, Huzard, Lingois, Boursault, Jaume-Saint-Hilaire, Loiseleur-Deslongchamps, etc. Il rencontre un jour, en herborisant, la maison où Vaillant est né, à Vigny; aussitôt il eut l'inspiration d'en consacrer le souvenir par un marbre commémoratif. La famille de Vaillant, les autorités étaient conviées à l'inauguration; tous témoignèrent à Mérat leur reconnaissance pour cette généreuse pensée.

Si Mérat aimait qu'honneur fût rendu à qui l'avait mérité, il fut lui-même toujours extrêmement sensible aux distinctions qui récompensèrent ses travaux. Plusieurs espèces de plantes lui ont été dédiées par Loiseleur-Deslongchamps, Sprengel, Cassini, Alphonse de Candolle; un genre porte son nom. Un de ses chers amis, l'infortuné amiral Dumont d'Urville, donna son nom à une île qu'il avait découverte, le 14 août 1827, sur les côtes de Guinée.

Mérat a reçu en 1828 l'ordre du Christ de Portugal; en 1831 il fut nommé chevalier de la Légion d'honneur, et en 1847 officier du même ordre.

Il était correspondant et correspondant exact des sociétés et académies de Rouen, 1807; Toulon, 1812; Orléans, 1822; Bordeaux et Caen, 1823; Lyon, 1824; Lille, 1827; Turin, 1835; l'Yonne, 1849.

Il a appartenu à la Société de médecine, à celle d'émulation, à la société établie près la faculté de médecine, dont il a rédigé le *Bulletin* pendant plusieurs années. Il fut nommé membre de l'Académie de médecine en 1823 et de la Société nationale et centrale d'agriculture en 1839. Nous n'avons pas eu de collègue plus empressé, plus heureux d'assister à nos séances. Les réunions de l'Académie de médecine, dont il fut, pendant de longues années, le trésorier, celles de la Société centrale d'agriculture, c'était sa récréation favorite ; c'est là seulement qu'il avait des rapports avec le monde et pour ne s'occuper que de choses utiles à l'humanité.

Avant de terminer il me faut cependant assombrir le tableau d'une vie si tranquille.

Mérat, comme tous les pères, avait rêvé un fils à son image. Avec ses habitudes de bénédictin il lui fallait un enfant rangé, placide, travaillant, du matin au soir, à des choses utiles, ne connaissant le monde, jeune et joyeux, que pour en médire et le fuir ; au lieu de cela, Paul Mérat avait une tête vive, une imagination active.

Mérat, lui aussi, dans quelques rares instants de sa vie, avait eu des pensées artistiques; je trouve, à la dernière page de la Notice de ses travaux, qu'il avait composé un poëme, un poëme sur l'art de faire et de prendre du bon café. Hé bien, Paul n'hérita de son père que de ses goûts d'artiste. Au lieu de se faire médecin, il devint officier; au lieu de travailler du matin au soir, il suivit, il devança même ses camarades dans les réunions joyeuses ou passionnées de la vie de garnison. Lui, fils d'un père conservateur s'il en fut, se fit remarquer par ses opinions avancées, et il fut, pour cela, envoyé, à la fin de 1849, en Algérie, comme lieutenant dans le 2ᵉ régiment de la légion étrangère.

Tant que son fils était resté en France, Mérat avait été

juste, peut-être un peu sévère pour lui ; il ne pouvait s'habituer à le voir si différent de lui-même : à peine ce fils, qu'il chérissait, avait-il traversé la Méditerranée, que le cœur du père s'émut vivement.

Il pensait quelquefois aux nombreux ouvrages (1) que Paul Mérat avait publiés, depuis 1847, sur l'instruction et l'organisation de l'armée, sur les campagnes de 1792 et 1793, sur le terrible épisode de Verdun en 1792, à ses lettres critiques sur l'armée prussienne, etc. ; là il reconnaissait son sang, et il était étonné que son fils eût pu faire tant de choses en s'amusant. Paul Mérat avait ébranlé complétement les convictions de son père en lui adressant une notice pleine d'intérêt sur un sujet agricole ; il y traite des oasis de Palmiers où se réfugient les tribus insoumises. A ce moment, le choléra

---

(1) Voici la liste chronologique des ouvrages de P. Mérat :

1847. — *Projet et plan de bibliothèques régimentaires*, publiés dans le *Journal des sciences militaires* (numéros d'avril et d'août).

1847 et 1848. — *De l'instruction de l'armée.* Série d'articles publiés sous le voile du pseudonyme RENÉ DE V....., dans le *Journal des sciences militaires* (numéros des 10 septembre et 10 décembre 1847 ; 10 avril, 10 mai, 10 août, 10 octobre 1848).

1848. — *Documents relatifs aux campagnes en France et sur le Rhin, pendant les années* 1792 *et* 1793, tirés des papiers militaires de S. M. le feu roi de Prusse, Frédéric-Guillaume III ; traduits de l'allemand. 1 vol. in-8°.

1849. — *Souvenirs de la campagne de* 1792, par le général *Money*, traduits de l'allemand. 1 vol. in-8°.

1849. — *Verdun en* 1792, *épisode historique et militaire.* 1 vol. in-8o, imprimé à Verdun, par *Lallemant.*

1849. — *Études sur l'organisation de la force publique.*

Ire étude. — *Projet d'organisation de la réserve combiné avec la mobilisation de la garde nationale.*

IIe étude. — *La justice militaire selon les principes de l'équité.*

IIIe étude. — *Recrutement et remplacement.*

IVe étude. — *Avancement et hiérarchie.*

1849. — *Lettres critiques sur l'armée prussienne*, traduites de l'allemand, en collaboration avec M. J. DE CLANORIE. Volume in-8°. Traduction accompagnée de notes dues à M. PAUL MÉRAT, 1850.

On doit, en outre, à M. PAUL MÉRAT divers articles anonymes ou pseudonymes de bibliographie publiés depuis 1847 dans le *Journal des sciences militaires*, etc.

On a aussi de lui des poésies légères, pleines de grâce et de sentiment.

éclate dans la province de Constantine. La garnison de Biskra est en partie détruite, non-seulement par la maladie asiatique, mais encore par une fièvre pernicieuse qui, suivant les expressions des soldats, enlevait les hommes comme des mouches. Deux commandants de place venaient d'y périr successivement; Paul Mérat s'offre pour les remplacer. Son colonel le nomme commandant, par intérim, de la place de Biskra. Il part en compagnie d'un aumônier et de deux soldats. A peine arrivé, il va porter des soins et des consolations aux soldats qui encombraient les hôpitaux et les ambulances. Deux jours s'étaient à peine écoulés, qu'il tombe frappé lui-même, et, quelques instants avant de mourir, il fait écrire à ses parents que sa dernière pensée était pour eux, qu'il réclame leur bénédiction.

Mort digne du fils d'un médecin, coup funeste qui frappa à la fois le fils et le père; le fils, au moins, était tombé tout d'un coup sur le champ de bataille. Le père languit, pendant près de six mois, dans d'inexprimables souffrances, pendant lesquelles il fallut abandonner toutes ses études, privation mille fois plus cruelle que ses douleurs physiques. Aussi écrivait-il, huit jours avant de mourir, à un de ses chers amis, notre collègue M. Bonafous : « Je ne puis plus travailler ; jugez de mon malheur. » Pensée admirable qui résume la vie de F. V. Mérat.

Les soins si tendres d'une épouse chérie, les conseils de M. Chomel, et de M. Boudard, son médecin ordinaire, rien ne put adoucir ses maux. Le 15 mars 1851, une attaque de paralysie termina une carrière marquée par tant d'utiles travaux. Les monographies sur la colique métallique, sur le traitement du ténia, le *Dictionnaire universel de matière médicale*, le grand *Dictionnaire des sciences médicales*, voilà des titres de noblesse que la postérité reconnaîtra. La famille, les amis de Mérat conserveront un précieux souvenir de sa foi inviolable, de sa générosité et de ses vertus.

PARIS. — IMPRIMERIE DE MADAME VEUVE BOUCHARD-HUZARD, RUE DE L'ÉPERON, 5.